바른 글씨 쓰기 연습

2학년 쓰기

KB127108

담터미디어

[차 례]

* 이 쓰기 책은 단순히 쓰는 문제나 모양에 의존한 쓰기 공부가 아니라
교과서의 읽기, 말하기 듣기, 쓰기를 심층 분석하여 각 내용에 맞게
재구성하였습니다. 바르게 쓰는 것은 예쁘게 쓰는 것이며, 예쁘게 쓰는 것은
아름다운 심성을 기르는 것과도 같습니다.
우리말 한글을 예쁘게 쓰고 바르게 사용하시기 바랍니다.

* 앉은 자세는 물론 연필을 바르게 쥐는 법, 원고지 쓰는 법 등을
처음부터 올바르게 익힐 수 있도록 지도해 주세요.

* 이 책의 쓰기 서체는 바른 글씨 쓰기에 도움이 될 수 있도록 선별한 <마포금빛나루> 서체를 사용하였습니다.

1. 인사

외출할 때는 꼭 인사를 드리고 어디에 가는지 말씀드립니다.

✏️ 소리 내어 읽으면서 바르게 써 보세요.

"어머니, 학교에 다녀 오겠습니다."

"어머니, 학교에 다녀
오겠습니다."
"어머니, 학교에 다녀
오겠습니다."

"그래, 조심히 잘 다 녀오너라."

"그래, 조심히 잘 다
녀오너라."

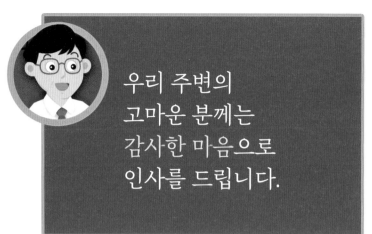

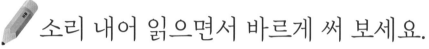

소리 내어 읽으면서 바르게 써 보세요.

"아저씨, 고맙습니다.
안녕히 가세요."

"아저씨, 고맙습니다.
안녕히 가세요."

"아저씨, 고맙습니다.
안녕히 가세요."

"아저씨, 고맙습니다.
안녕히 가세요."

"그래, 잘 있으렴."

"그래, 잘 있으렴."
"그래, 잘 있으렴."

실수 했을 때는
사과하는 마음으로
정중히 인사를 합니다.

 소리 내어 읽으면서 바르게 써 보세요.

"미안해, 내가 서두르
다 그만 실수했어."

"아니야, 괜찮아."

친구가 아프거나
어려운 일을 당했을 때
따뜻한 위로의 한마디가
큰 힘이 됩니다.

 소리 내어 읽으면서 바르게 써 보세요.

"많이 아프니? 친구
들 모두 널 걱정해."

"이젠 괜찮아졌어. 와
줘서 고마워."

축하할 일이 생기면
기쁜 마음을 전하는
축하 인사를 나눕니다.

 소리 내어 읽으면서 바르게 써 보세요.

"이제 어엿한 초등학
생이 되었네. 축하해."

"언니, 고마워."

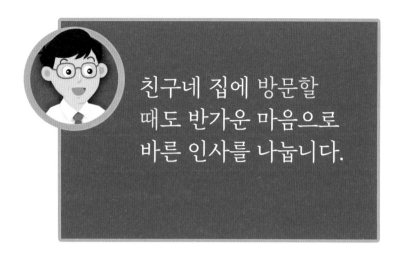

친구네 집에 방문할 때도 반가운 마음으로 바른 인사를 나눕니다.

소리 내어 읽으면서 바르게 써 보세요.

"안녕? 집으로 초대
해 줘서 고마워."

"안녕? 집으로 초대
해 줘서 고마워."

"안녕? 집으로 초대
해 줘서 고마워."

"안녕? 집으로 초대
해 줘서 고마워."

"어서 들어와."

"어서 들어와."

"어서 들어와."

2. 흉내 내는 말

소리를 흉내 내는 말로
표현력을 길러 봅니다.

소리 내어 읽으면서 바르게 써 보세요.

시	냇	물	이	졸	졸	졸	노	래

시냇물이 졸졸졸 노래
하듯 흘러갑니다.

시냇물이 졸졸졸 노래
하듯 흘러갑니다.

시냇물이 졸졸졸 노래
하듯 흘러갑니다.

시냇물이 졸졸졸 노래
하듯 흘러갑니다.

시냇물이 졸졸졸 노래
하듯 흘러갑니다.

소리 내어 읽으면서 바르게 써 보세요.

큰	북	은		둥	둥	둥		
큰	북	은		둥	둥	둥		
큰	북	은		둥	둥	둥		
작	은	북	은		동	동	동	
작	은	북	은		동	동	동	
작	은	북	은		동	동	동	
따	르	릉		따	릉	따	릉	
따	르	릉		따	릉	따	릉	
따	르	릉		따	릉	따	릉	
띠	리	링		띠	링	띠	링	
띠	리	링		띠	링	띠	링	

✏️ 소리 내어 읽으면서 바르게 써 보세요.

탕	탕	탕		총	소	리		
탕	탕	탕		총	소	리		
탕	탕	탕		총	소	리		
탕	탕	탕		총	소	리		
깜	짝		놀	라		삐	악	삐	악
깜	짝		놀	라		삐	악	삐	악
깜	짝		놀	라		삐	악	삐	악
깜	짝		놀	라		삐	악	삐	악
엄	마	닭	은		꼬	꼬	꼬	꼬
엄	마	닭	은		꼬	꼬	꼬	꼬
엄	마	닭	은		꼬	꼬	꼬	꼬

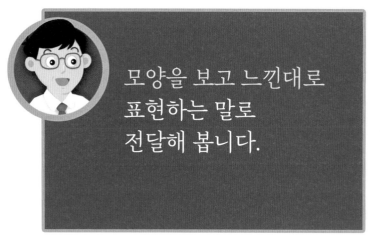

모양을 보고 느낀대로
표현하는 말로
전달해 봅니다.

✏️ 소리 내어 읽으면서 바르게 써 보세요.

노	랑	나	비		파	랑	나	비	
예	쁜		날	개		팔	랑	팔	랑
노	랑	나	비		파	랑	나	비	
예	쁜		날	개		팔	랑	팔	랑
노	랑	나	비		파	랑	나	비	
예	쁜		날	개		팔	랑	팔	랑
노	랑	나	비		파	랑	나	비	
예	쁜		날	개		팔	랑	팔	랑
춤	을		추	듯		나	풀	나	풀
춤	을		추	듯		나	풀	나	풀
춤	을		추	듯		나	풀	나	풀

소리 내어 읽으면서 바르게 써 보세요.

	살	랑	살	랑		부	는		바	람	
	살	랑	살	랑		부	는		바	람	
	살	랑	살	랑		부	는		바	람	
	살	랑	살	랑		부	는		바	람	
	뭉	게	구	름		뭉	게	뭉	게		
	뭉	게	구	름		뭉	게	뭉	게		
	뭉	게	구	름		뭉	게	뭉	게		
	뭉	게	구	름		뭉	게	뭉	게		
	바	람		타	고		둥	실	둥	실	
	바	람		타	고		둥	실	둥	실	
	바	람		타	고		둥	실	둥	실	

3. 동시

나 무

나무는 욕심도 많아
여러 개의 손으로
하늘도 만지고
바람도 만지니 말야.

나무는 욕심도 많아
팔을 내민 곳곳에
여러 개의 눈으로
세상 이곳저곳을
읽어 보네.

 동시를 또박또박 읽으면서 바르게 따라 써 봅니다.

나무

나무는 욕심도 많아
여러 개의 손으로
하늘도 만지고
바람도 만지니 말야.

나무는 욕심도 많아
팔을 내민 곳곳에
여러 개의 눈으로
세상 이곳저곳을
읽어 보네.

햇 빛

엄마 같은 햇빛이
흙을 어루만지면
흙 속에서 어린 싹이
기지개를 켠다.

마치 어린아이가
젖을 먹듯
무럭무럭 자란다.
햇빛은
엄마 중의 엄마이다.

햇빛

엄마 같은 햇빛이
흙을 어루만지면
흙 속에서 어린 싹이
기지개를 켠다.

마치 어린아이가
젖을 먹듯
무럭무럭 자란다
햇빛은
엄마 중의 엄마이다.

소리 내어 읽으면서 바르게 써 보세요.

송	알	송	알		은	구	슬			
송	알	송	알		은	구	슬			
송	알	송	알		은	구	슬			
송	알	송	알		은	구	슬			
조	롱	조	롱		옥	구	슬			
조	롱	조	롱		옥	구	슬			
조	롱	조	롱		옥	구	슬			
조	롱	조	롱		옥	구	슬			
데	롱	데	롱		총	총	총			
데	롱	데	롱		총	총	총			
데	롱	데	롱		총	총	총			

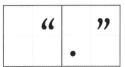

4. 문장 부호
문장 부호의 사용과 쓰는 위처를 익혀 봅니다.

✏ 소리 내어 읽으면서 바르게 써 보세요.

"마침표와 큰따옴표는 한 칸에 씁니다."

"마침표와 큰따옴표는 한 칸에 씁니다."

"마침표와 큰따옴표는 한 칸에 씁니다."

물음표와 느낌표는 칸의 가운데에 씁니다.

물음표와 느낌표는 칸의 가운데에 씁니다.

소리 내어 읽으면서 바르게 써 보세요.

"친구랑 싸웠니?"

"안녕하셨어요?"

"오, 오랜만이구나!"

말줄임표는 세 점씩
두 칸에 나누어 씁니다.
여러 가지 문장 부호를
바르게 써 봅니다.

 소리 내어 읽으면서 바르게 써 보세요.

"무슨 일이 있었는지 말해 보렴."

"무슨 일이 있었는지 말해 보렴."

"무슨 일이 있었는지 말해 보렴."

"언니, 사실은 아까부터……."

"언니, 사실은 아까부터……."

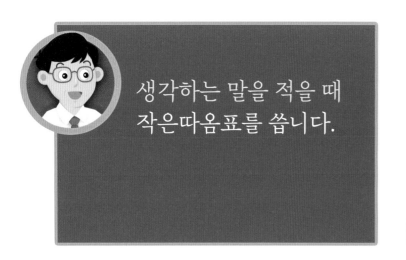

생각하는 말을 적을 때
작은따옴표를 씁니다.

소리 내어 읽으면서 바르게 써 보세요.

"꽥꽥꽥 울음소리가
거위인가?"

"꽥꽥꽥 울음소리가
거위인가?"

"꽥꽥꽥 울음소리가
거위인가?"

"꽥꽥꽥 울음소리가
거위인가?"

'오리 같은데…….'

'오리 같은데…….'

'오리 같은데…….'

5. 두 문장 잇기

앞문장의 끝을 '~고,'로
바꾸고 뒷문장을
잇습니다.

 소리 내어 읽으면서 바르게 써 보세요.

	내	가		노	래	를	불	렀	습	니
다	.	친	구	들	은		손	뼉	을		칩
니	다	.							

| | 내 | 가 | | 노 | 래 | 를 | | 부 | 르 | 고 | , |
| 친 | 구 | 들 | 은 | | 손 | 뼉 | 을 | | 칩 | 니 | 다 | . |

23

✏️ 소리 내어 읽으면서 바르게 써 보세요.

나는 그림을 그렸고,
아버지께서는 낚시질을
하셨습니다.

나는 그림을 그렸고,
아버지께서는 낚시질을
하셨습니다.

동생은 유치원에 가고,
나는 학교에 갑니다.

동생은 유치원에 가고,
나는 학교에 갑니다.

✏️ 소리 내어 읽으면서 바르게 써 보세요.

형은 피아노를 치고,
동생은 공을 칩니다.

형은 피아노를 치고,
동생은 공을 칩니다.

형은 피아노를 치고,
동생은 공을 칩니다.

가을하늘은 새파랗고,
바람은 한결 시원합니다.

가을하늘은 새파랗고,
바람은 한결 시원합니다.

✏️ 소리 내어 읽으면서 바르게 써 보세요.

엄마는 나를 부르고,
나는 노래를 부릅니다.

엄마는 나를 부르고,
나는 노래를 부릅니다.

누나는 달리기를 잘하
고, 형은 자전거를 잘
탑니다.

누나는 달리기를 잘하
고, 형은 자전거를 잘
탑니다.

6. 같은 말 다른 뜻

읽는 소리는 같지만 뜻은
다른 말을 알아 봅니다.

✏️ 소리 내어 읽으면서 바르게 써 보세요.

눈	이		많	이		내	려	서	눈
을		뜰		수	가		없	습	니	다	.

눈이 많이 내려서 눈
을 뜰 수가 없습니다.

장작불은 활활 타고,
나는 자전거를 타고.

✏️ 소리 내어 읽으면서 바르게 써 보세요.

벌을 받는데 벌이 날
아들었습니다.

벌을 받는데 벌이 날
아들었습니다

벌을 받는데 벌이 날
아들었습니다

밤에 먹는 밤이 참
고소합니다.

밤에 먹는 밤이 참
고소합니다.

✏️ 소리 내어 읽으면서 바르게 써 보세요.

어두운 굴 앞에서 굴
을 땁니다.

어두운 굴 앞에서 굴
을 땁니다.
어두운 굴 앞에서 굴
을 땁니다.

봄에는 쑥이 쑥 올라
옵니다.

봄에는 쑥이 쑥 올라
옵니다.

✏️ 소리 내어 읽으면서 바르게 써 보세요.

발	을		씻	고		들	어	가		방
문	에		발	을		쳤	습	니	다	.
발	을		씻	고		들	어	가		방
문	에		발	을		쳤	습	니	다	.
발	을		씻	고		들	어	가		방
문	에		발	을		쳤	습	니	다	.
말	이		내		말	을		알	아	들
을		리	가		없	죠	.			
말	이		내		말	을		알	아	들
을		리	가		없	죠	.			

✏️ 소리 내어 읽으면서 바르게 써 보세요.

배	를		타	고		가	는		동	안
배	를		먹	었	더	니		배	가	부
릅	니	다	.							
배	를		타	고		가	는		동	안
배	를		먹	었	더	니		배	가	부
릅	니	다	.							
배	를		타	고		가	는		동	안
배	를		먹	었	더	니		배	가	부
릅	니	다	.							

읽으면 같은 소리가
나지만 쓸 때는
다르게 쓰는 말도
있습니다.

 소리 내어 읽으면서 바르게 써 보세요.

어	머	니	께	서		밥	을	짓	고
계	실		때		밖	에	는		개	가
짓	고		있	었	습	니	다	.

어머니께서 밥을 짓고
계실 때 밖에는 개가
짓고 있었습니다.

	꽃	병		가	득		꽃	을		꽂	았
습	니	다	.

꽃병 가득 꽃을 꽂았
습니다.

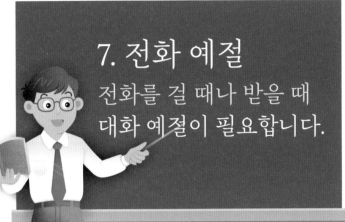

7. 전화 예절

전화를 걸 때나 받을 때
대화 예절이 필요합니다.

 소리 내어 읽으면서 바르게 써 보세요.

전	화	를		걸		때	는	내	가

전화를 걸 때는 내가
누구인지 먼저 밝히고
공손한 말투로 대화해요.

전화를 걸 때는 내가
누구인지 먼저 밝히고
공손한 말투로 대화해요.

상대방이 잘 알아듣도
록 또박또박 말합니다.

상대방이 잘 알아듣도
록 또박또박 말합니다.

✏️ 소리 내어 읽으면서 바르게 써 보세요.

잇은	게	있어서	전화
했어.			
잇은	게	있어서	전화
했어			
잇은	게	있어서	전화
했어			
잇은	게	있어서	전화
했어			
전화해	줘서	고마워.
전화해	줘서	고마워.
전화해	줘서	고마워.

34

8. 꾸미는 말
느낌이 전달되도록
글을 꾸며 봅니다.

✏️ 소리 내어 읽으면서 바르게 써 보세요.

높은	산	푸른	나무
높은	산	푸른	나무
높은	산	푸른	나무
높은	산	푸른	나무
높은	산	푸른	나무
높은	산	푸른	나무

맑은	물	깨끗한	강
맑은	물	깨끗한	강
맑은	물	깨끗한	강
맑은	물	깨끗한	강
맑은	물	깨끗한	강

✏️ 소리 내어 읽으면서 바르게 써 보세요.

높	고		푸	른		가	을		하	늘
높	고		푸	른		가	을		하	늘
높	고		푸	른		가	을		하	늘
높	고		푸	른		가	을		하	늘
높	고		푸	른		가	을		하	늘
높	고		푸	른		가	을		하	늘

노	랗	고		예	쁜		개	나	리
노	랗	고		예	쁜		개	나	리
노	랗	고		예	쁜		개	나	리
노	랗	고		예	쁜		개	나	리
노	랗	고		예	쁜		개	나	리

✏️ 소리 내어 읽으면서 바르게 써 보세요.

전	망	이		아	름	다	운		섬	
전	망	이		아	름	다	운		섬	
전	망	이		아	름	다	운		섬	
전	망	이		아	름	다	운		섬	
전	망	이		아	름	다	운		섬	
전	망	이		아	름	다	운		섬	

배	를		따	라	가	는		갈	매	기
배	를		따	라	가	는		갈	매	기
배	를		따	라	가	는		갈	매	기
배	를		따	라	가	는		갈	매	기
배	를		따	라	가	는		갈	매	기

소리 내어 읽으면서 바르게 써 보세요.

새들은 훨훨 날 수
있으니 좋겠네.

새들은 훨훨 날 수
있으니 좋겠네.
새들은 훨훨 날 수
있으니 좋겠네.
새들은 훨훨 날 수
있으니 좋겠네.

저 멀리 높은 곳까지.

저 멀리 높은 곳까지.
저 멀리 높은 곳까지.

꾸미는 말을 읽으면서
어떤 느낌인지
상상해 봅니다.

 소리 내어 읽으면서 바르게 써 보세요.

엄	마	는	내	등 을		토 닥
토	닥		두 드 리 며		응 원 해	
주	셨	습	니	다 .		
	아	픈	친 구 의		야 원	모
습	이		안 쓰 러 웠 습 니 다 .			

소리 내어 읽으면서 바르게 써 보세요.

세찬	바람에	부서지는
파도가	하얗게	밀려오네.
세찬	바람에	부서지는
파도가	하얗게	밀려오네.
세찬	바람에	부서지는
파도가	하얗게	밀려오네.
아득히	보이는	작은
점 하나	고기잡이	배.
아득히	보이는	작은
점 하나	고기잡이	배.

9. 가리키는 말

나, 너, 우리
사람을 가리키는 말

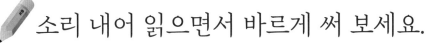

소리 내어 읽으면서 바르게 써 보세요.

나	는		배	구	를		좋	아	해	.
나	는		배	구	를		좋	아	해	.
나	는		배	구	를		좋	아	해	.
나	는		배	구	를		좋	아	해	.
나	는		배	구	를		좋	아	해	.
나	는		배	구	를		좋	아	해	.
너	는		축	구	를		좋	아	하	지	.
너	는		축	구	를		좋	아	하	지	.
너	는		축	구	를		좋	아	하	지	.
너	는		축	구	를		좋	아	하	지	.
너	는		축	구	를		좋	아	하	지	.

✏️ 소리 내어 읽으면서 바르게 써 보세요.

너	도		나	도		우	리		모	두
스	포	츠	를		좋	아	하	지	.	
	너	도		나	도		우	리		모	두
스	포	츠	를		좋	아	하	지	.	
	너	도		나	도		우	리		모	두
스	포	츠	를		좋	아	하	지	.	
	너	도		나	도		우	리		모	두
스	포	츠	를		좋	아	하	지	.	
	너	도		나	도		우	리		모	두
스	포	츠	를		좋	아	하	지	.	

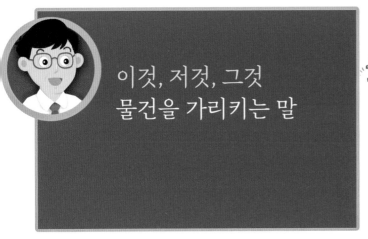

이것, 저것, 그것
물건을 가리키는 말

✏️ 소리 내어 읽으면서 바르게 써 보세요.

이것은	내	바나나야.
그것은	뭐니?	
저것이	바로	귤이야.

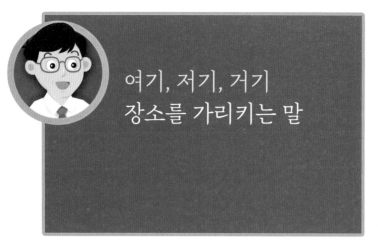

여기, 저기, 거기
장소를 가리키는 말

✏️ 소리 내어 읽으면서 바르게 써 보세요.

여기		있던		강아지가			
어디		갔지	?				
여기		있던		강아지가			
어디		갔지	?				
여기		있던		강아지가			
어디		갔지	?				
아까		저기에서			봤는데		.
아까		저기에서			봤는데		.
혹시		거기로		갔나	?		
혹시		거기로		갔나	?		
혹시		거기로		갔나	?		

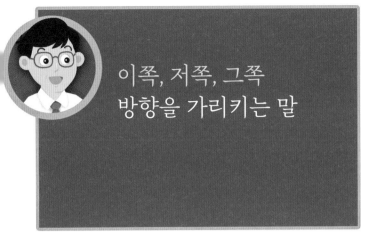

이쪽, 저쪽, 그쪽
방향을 가리키는 말

 소리 내어 읽으면서 바르게 써 보세요.

이	쪽		저	쪽		아	무	리		찾
아	도		강	아	지	가		없	어	.
이	쪽		저	쪽		아	무	리		찾
아	도		강	아	지	가		없	어	.
이	쪽		저	쪽		아	무	리		찾
아	도		강	아	지	가		없	어	.
혹	시		그	쪽	으	로		갔	는	지
몰	라	서		전	화		했	어	.	
혹	시		그	쪽	으	로		갔	는	지
몰	라	서		전	화		했	어	.	

45

✏️ 소리 내어 읽으면서 바르게 써 보세요.

| 이리로 | 뛰어가는 | 사슴 |
을 | 보았소? |

이리로 뛰어가는 사슴
을 보았소?

이리로 뛰어가는 사슴
을 보았소?

저리로 후다닥 달아났
소이다.

저리로 후다닥 달아났
소이다.

10. 원인과 결과
이야기의 원인에 따른 결과를 어해합니다.

✏️ 소리 내어 읽으면서 바르게 써 보세요.

너	무		많	이		먹	고		배	탈
나	서		병	원	에		갔	습	니	다	.

비가 촉촉히 내리더니 꽃이 활짝 피었습니다.

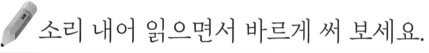 소리 내어 읽으면서 바르게 써 보세요.

키가	훌쩍	자라서	옷
이 맞지를	않아.		

키가 훌쩍 자라서 옷
이 맞지를 않아.

키가 훌쩍 자라서 옷
이 맞지를 않아.

옷이 작으니까 배꼽이
보이네.

옷이 작으니까 배꼽이
보이네.

✏️ 소리 내어 읽으면서 바르게 써 보세요.

너무	더워서	땀이	멈
추지	않아요.		
너무	더워서	땀이	멈
추지	않아요.		
너무	더워서	땀이	멈
추지	않아요.		
더운	날씨라서	아이스	
크림이	많이	팔립니다.	
더운	날씨라서	아이스	
크림이	많이	팔립니다.	

✏️ 소리 내어 읽으면서 바르게 써 보세요.

바람이 세차게 불어서
창문이 덜컹거렸습니다.

바람이 세차게 불어서
창문이 덜컹거렸습니다.
바람이 세차게 불어서
창문이 덜컹거렸습니다.

창문이 덜컹거리니 괜
히 무서워졌습니다.

창문이 덜컹거리니 괜
히 무서워졌습니다

11. 문장의 원칙
언제(어느 때)
시기를 나타내는 말

 소리 내어 읽으면서 바르게 써 보세요.

아	침		일	찍		일	어	나	서

아침 일찍 일어나서
줄넘기를 했습니다.

점심때 친구가 놀러오
기로 했습니다.

소리 내어 읽으면서 바르게 써 보세요.

어린이날에 놀이동산에
놀러가기로 약속했습니다.

도시락은 정오가 되면
먹기로 했습니다.

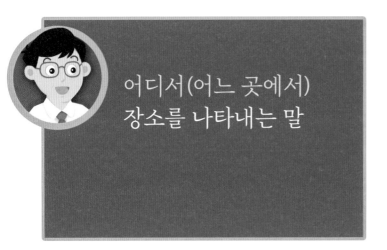

어디서(어느 곳에서)
장소를 나타내는 말

우 체 국

✏️ 소리 내어 읽으면서 바르게 써 보세요.

우	체	국	에	서		빠	른	우	편	을
보	내	고		왔	습	니	다	.		
우	체	국	에	서		빠	른	우	편	을
보	내	고		왔	습	니	다	.		
우	체	국	에	서		빠	른	우	편	을
보	내	고		왔	습	니	다	.		
	집	앞	에	서		우	체	부		아	저
씨	를		만	났	습	니	다	.		
	집	앞	에	서		우	체	부		아	저
씨	를		만	났	습	니	다	.		

소리 내어 읽으면서 바르게 써 보세요.

놀이터에서 친구를 만나 무척 반가웠습니다.

놀이터에서 친구를 만
나 무척 반가웠습니다.

놀이터에서 친구를 만
나 무척 반가웠습니다.

내가 좋아하는 미끄럼
틀은 그네 앞에 있어요.

내가 좋아하는 미끄럼
틀은 그네 앞에 있어요.

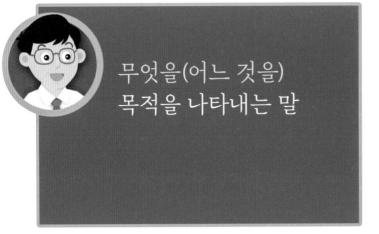

무엇을(어느 것을)
목적을 나타내는 말

 소리 내어 읽으면서 바르게 써 보세요.

	엄	마	는		설	거	지	를		하	느
라		바	쁘	십	니	다	.	

| | 아 | 빠 | 는 | | 엄 | 마 | 를 | | 도 | 와 |
| 쓰 | 레 | 기 | 를 | | 치 | 우 | 셨 | 습 | 니 | 다 | . |

소리 내어 읽으면서 바르게 써 보세요.

오빠는 심부름을 다녀
왔습니다.

오빠는 심부름을 다녀
왔습니다.
오빠는 심부름을 다녀
왔습니다.

나는 그동안 마당을
쓸었습니다.

나는 그동안 마당을
쓸었습니다.

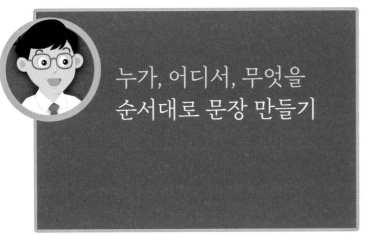

누가, 어디서, 무엇을
순서대로 문장 만들기

 소리 내어 읽으면서 바르게 써 보세요.

훈장님께서 서당에서
글을 읽고 계십니다.

훈장님께서 서당에서
글을 읽고 계십니다.
훈장님께서 서당에서
글을 읽고 계십니다.

내가 마루에서 훈장님
을 따라 읽습니다.

내가 마루에서 훈장님
을 따라 읽습니다.

소리 내어 읽으면서 바르게 써 보세요.

	나	무	꾼	이		마	당	에	서		약
을		달	이	고		있	습	니	다	.	
	나	무	꾼	이		마	당	에	서		약
을		달	이	고		있	습	니	다	.	
	나	무	꾼	이		마	당	에	서		약
을		달	이	고		있	습	니	다	.	
	아	빠	가		서	점	에	서		읽	고
싶	던		책	을		사		오	셨	어	요
	아	빠	가		서	점	에	서		읽	고
싶	던		책	을		사		오	셨	어	요

12. 높임말

어른께는 존댓말
상대방을 높여 주는 말
바로 알기

소리 내어 읽으면서 바르게 써 보세요.

	"어머니,	안녕히		주무	
셨어요?"					
	"어머니,	안녕히		주무	
셨어요?"					
	"어머니,	안녕히		주무	
셨어요?"					
	"제	빨래는		제가	챙
기겠습니다."					
	"제	빨래는		제가	챙
기겠습니다."					

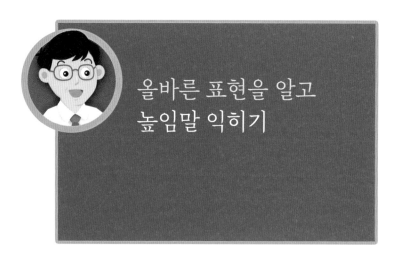 

올바른 표현을 알고
높임말 익히기

소리 내어 읽으면서 바르게 써 보세요.

할머니께서 맛있는 굴을 주셨습니다.

할머니께서 맛있는 굴을 주셨습니다.

할머니께서 맛있는 굴을 주셨습니다.

삼촌도 드시라고 갖다드렸습니다.

삼촌도 드시라고 갖다드렸습니다.

✏️ 소리 내어 읽으면서 바르게 써 보세요.

고모 댁에는 강아지가
다섯 마리나 있습니다.

고모 댁에는 강아지가
다섯 마리나 있습니다.

고모 댁에는 강아지가
다섯 마리나 있습니다.

고모께서 돌보시는 강
아지들이 참 귀엽습니다.

고모께서 돌보시는 강
아지들이 참 귀엽습니다.

✏️ 소리 내어 읽으면서 바르게 써 보세요.

편찮으신 할머니께 시간 맞춰 약을 드립니다.

약을 드신 후에 다시 자리에 누우셨습니다.

13. 지켜야 할 일
생활의 규칙
우리가 저켜야 할 약속들

소리 내어 읽으면서 바르게 써 보세요.

인	사		잘	하	기		
인	사		잘	하	기		
인	사		잘	하	기		
인	사		잘	하	기		
인	사		잘	하	기		
차	가	운		음	료		많	이		마
시	지		않	기			
차	가	운		음	료		많	이		마
시	지		않	기			
차	가	운		음	료		많	이		마
시	지		않	기			

소리 내어 읽으면서 바르게 써 보세요.

모든 운동은 준비운동부터 시작합니다.

모든 운동은 준비운동
부터 시작합니다.

모든 운동은 준비운동
부터 시작합니다.

공공장소에서 다른 사람에게 피해 주지 않기.

공공장소에서 다른 사
람에게 피해 주지 않기.